LE CARNAVAL
DU PARNASSE,
BALLET HEROÏQUE,

R E P R E S E N T É

PAR L'ACADEMIE ROYALE
DE MUSIQUE,

POUR LA PREMIERE FOIS,

Le vingt-trois Septembre 1749.

PRIX XXX SOLS.

AUX DEPENS DE L'ACADEMIE.

On trouvera les Livres de Paroles à la Salle de l'Opera & à l'Academie Royale de Musique, rue S. Nicaise.

M. D. C. C. XLIX.

AVEC APPROBATION ET PRIVILEGE DU ROY.

Les Paroles de Monſieur FUZELIER.

La Muſique de Monſieur MONDONVILE,
Maître de Muſique de la Chapelle du Roy.

ACTEURS CHANTANS

Dans les Chœurs.

Côte' du Roi.		Côte' de la Reine.	
Mesdemoiselles.	*Messieurs.*	*Mesdemoiselles.*	*Messieurs.*
Dun.	Lefebvre.	Cartou.	S. Martin.
Tulou	Le Page C.	Rôllet.	Gratin.
	Laubertie.	Daliere.	Le Mesle.
Delorge.	Vaudemont.	Masson.	Bertrand.
	Rafron.		
Larcher.	Fel.	Victoire.	Hordé.
Cazeau.	Bourque.	Gondré.	Levasseur.
	Duchênet	Hery.	Chapotin.
Le Tourneur.	Rochette.		
	Le Roy.	Folliot.	Favier.
La Croix.	François.	Somervile.	Feret.
Lablotiere.	Selle.	Duval.	Touchain.

4

AVERTISSEMENT.

L E titre de ce Ballet juſtifie la legereté de ſon plan , le badinage doit regner ſeul dans les jours du Carnaval , & ne permettre qu'aux jeux d'en occuper les agréables momens ; ils ne ſont pas faits pour les deſeſpoirs & les Elegies de Melpomene.

On ne prétend donner ici qu'un ſpectacle qui fourniſſe à Thalie, à Euterpe & à Terpſicore un champ libre pour promener leur imagination. On ignore ſi ce mélange ſera goûté du Public : l'Intention de lui plaire eſt toujours certaine chez les Auteurs ; le ſuccès n'y répond pas toujours & l'on ſégare quelquefois en cherchant de nouvelles routes pour arriver au bonheur de le contenter. Mais que ce Public judicieux veüille bien ſonger qu'il eſt ſouvent plus facile d'être régulier que d'être varié, & d'attendrir que d'amuſer.

ACTEURS DU PROLOGUE.

CLARICE,	Mlle. Romainville.
FLORINE,	Mlle Fel.
DORANTE,	Mr Albert.
UN BERGER,	M^r. Jeliote.
BERGERS *jouants des instruments.* M^rs {	Despréaux. Brunel.

PAYSANS & PAYSANNES.

PERSONNAGES DANSANS.

JARDINIERS & JARDINIERES.

Mr. TESSIER.   Mlle. LANI.

Mlle LYONNOIS.

Mrs. Caïez , Feuillade , Bourgeois , Laurent ,
Le Lievre , Mion , Aubri , Beat.

Mlles. Beaufort , Dazenoncour , Defirée , Devaux ,
Bellenot c. Amedée , Hymblot , Parquet.

LE CARNAVAL DU PARNASSE,
BALLET HEROÏQUE.

PROLOGUE.

Le théâtre répréfente un Jardin orné.

SCENE PREMIERE.
CLARICE feule.

QUE ce beau jour promet d'heureux inftans !
Qu'avec plaifir fur ces bords on s'arrête !
Les Bergers vont ici célébrer le Printems,
Et déja les Oifeaux en annoncent la fête :

Ruiffeaux qui parcourez ces valons enchantés,
Que votre doux murmure & vos flots argentés,
Pour les tendres cœurs ont de charmes !
Vous raffemblez les jeux, l'innocence & la paix,

L'amour feul fait rêver fur vos rivages frais,
Des Amans malheureux vous calmez les alarmes.

On entend un prélude.

Oifeaux, habitans de ces bois ,
Florine vient du chant vous difputer la gloire,
La legereté de fa voix
Pourra lui donner la victoire.

SCENE II.

CLARICE, FLORINE.

F L O R I N E.

A Ugelleti voi amate
Sempre cantate
Siete troppo fortunati
A noi fe amore
Punge il core
Sol comparte fofpiri e pianti.

PARAPHRASE DE L'AIR ITALIEN.

»Que vous êtes heureux, Oifeaux, fous ce feuillage!
» En aimant vous chantez toûjours.
» Et dans nos plus tendres amours,
» Nous n'avons bien fouvent que les pleurs pour
partage.

CLARICE.

CLARICE.

Quoi toujours du leger ?

FLORINE.

Et vous toujours du tendre.

CLARICE.

On plaît, on attendrit par des accords touchans.

FLORINE.

On étonne, on féduit par de rapides chants,
A leurs attraits il faut fe rendre.

CLARICE.

Le chant doit nous flater.

FLORINE.

Le chant doit nous furprendre.

ENSEMBLE.

Pouvez-vous me le difputer ?

FLORINE.

On aime le leger,

CLARICE.

On aime mieux le tendre.

SCENE III.

DORANTE, FLORINE, CLARICE.

DORANTE.

Les plaisirs en ces lieux viennent se présenter,
Vous allez entendre un ouvrage,
Qui de vos goûts divers, offrira l'assemblage.

DORANTE, FLORINE, CLARICE.

L'ennui suit bientôt les désirs
Quand ils ont obtenu les biens les plus aimables ;
Il faut varier les plaisirs
Pour les rendre durables.

On entend un prélude.

DORANTE.

Ecoutons nos Bergers, ils se rassemblent tous,
Les champêtres plaisirs ne sont pas les moins doux.

SCENE IV.

DORANTE, FLORINE, CLARICE,
BERGERS, BERGERES, JARDINIERS.

CHŒUR.

PRintems , dans nos Boccages ,
Viens , remplis nos défirs ;
Sous tes naiffans feuillages ,
Viens payer nos foûpirs ;
Rend - nous les zéphirs ,
Les Roffignols & leurs ramages ,
Rend-nous les zéphirs
Les ris , les jeux & les plaifirs.

On danfe.

CHŒUR.

Que ton retour affure
De précieux momens !
Qu'il naît fous la verdure
De tendres fentimens ;
Dans tes jours charmans ,
Que les ruiffeaux & leur murmure ,
Dans tes jours charmans ,
Enchantent les heureux Amans.

On danfe.

B ij

C L A R I C E.

Le Printems feul nous procure
Des plaifirs toujours divers :
Flore reprend fa parure ,
Que d'appas nous font offerts !

Des ruiffeaux l'onde murmure ,
Zéphire adoucit les airs.
Les Oifeaux fous la verdure
Font entendre leurs concerts.

Le Printems feul nous procure
Ces plaifirs toujours divers.

C'eft l'Amant de la nature ,
Il enchante l'Univers.

On danfe.

F L O R I N E.

Le Papillon infidelle
Près de la fleur la plus belle ,
Ne peut jamais s'arrêter.
Amans qui cherchez à plaire
Gardez-vous de l'imiter
Dans fa tendreffe legere.

L'amour qui perfévere
Se fait feul écouter.
L'amour qui perfevere
Merite feul de remporter
Les couronnes de Cythere.

On danfe.

UN BERGER & le CHŒUR.

Célebrons le printems, que toutes nos Mufettes
Annoncent fon retour :
Qu'avec les jeux & l'amour
Il regne dans nos retraites,
C'eft la faifon des fleurs,
Des plaifirs & des cœurs.

On danfe.

FIN DU PROLOGUE.

ACTEURS.

Momus,   Mr De Chaffé.

APOLLON, *deguifé en Berger.* Mr Jeliotte.

THALIE,   Mlle. Fel.

LICORIS, *Bergere.*   Mlle. Chevalier.

EUTERPE,   Mlle Romainvile.

Deux SUIVANTS d'Euterpe, {Mr. De la Tour.
{Mr. Le Page.

L'AMOUR,

TERPSICORE,

Une SUIVANTE de Terpsicore Mlle Coupée.

Un SUIVANT de Terpsicore, Mr. Perfon.

UNE VIEILLE,   Mlle. Victoire.

SUITTE de Momus. ⎰ *caracterifées par la Come-*
die Françoife, la Come-
die Italienne & par des
SUITTE de Thalie. ⎱ *Poëtes & des Muficiens.*

Dieux et Déesses.

Le Temps.

Les Quatre Ages, les Saisons, les Heures

PERSONNAGES DANSANS.
ACTE PREMIER.
SUIVANS DE MOMUS ET DE THALIE.

COMEDIE FRANÇOISE.

CRISPIN,	Mr Mion.
PASQUIN,	Mr le Lievre.
THOMAS DIAPHOIRUS,	Mr Beat.
LE BARON DE LA CRASSE.	Mr Aubry.
Made. DE SOTENVILLE,	Mlle Sauvage.
Une SOUBRETTE,	Mlle Hymblot.

COMEDIE ITALIENNE.

ARLEQUIN,	Mr Laurent.
PANTALON,	Mr Caillé,
SCAPIN,	Mr Laval.
LE DOCTEUR,	Mr Feuillade.
COLOMBINE,	Mlle Beaufort,
Une PERRETTE,	Mlle Victoire.

PANTOMIMES.

Mrs. LANY, SODY, Mlles. LYONNOIS, LANY.

ACTE SECOND.
LES TROIS GRACES.

Mlle. DALLEMAND.

Mlles. S. Germain, Courcelle,

DEUX AMOURS.

Mʳˢ. Dupré fils, Haran.

CEPHALE.
Mʳ. DEVISSE.

L'AURORE.
Mˡˡᵉ CARVILLE.

ZEPHIR, M. Hamoche. FLORE, Mˡˡᵉ Dazenoncourt
ENDYMION, M. Dumay. DIANE, Mˡˡᵉ Defiré.
ADONIS, M. le Lievre. VENUS, Mˡˡᵉ Devaux.
BACCHUS, M. Dupré. ERIGONE, Mˡˡᵉ Beaufort.
VERTUMNE, M. Laurent. POMONNE, Mˡˡᵉ Thierry.

ACTE TROISIÉME.

TERPSICORE.
Mˡˡᵉ CAMARGO.

CHASSEURS ET CHASSERESSES.
Mʳ. LANY.

Mʳˢ. Dupré, Laval, Laurent.
Mˡˡᵉˢ Thierry, Bellenot c., Defiré.

MASQUES GALANS.
M. DUPRÉ.

Mʳˢ Hamoche, Bourgeois, le Lievre, Aubri.
Mˡˡᵉˢ. S. Germain, Courcelle, Beaufort, Sauvage.

VIEILLARDS & VIEILLES.

Mʳˢ. Mion, Beat. Mˡˡᵉˢ Victoire, Dazenoncourt.

ENFANTS.

Mʳˢ. Hamoche fils, Feuillade fils.
Mˡˡᵉˢ. Maffon, Hutte. LE

LE CARNAVAL DU PARNASSE,

BALLET HEROÏQUE.

ACTE PREMIER.

Le Théâtre represente le Mont Parnasse & la Fontaine d'Hipocrêne.

SCENE PREMIERE.

M O M U S, seul.

PRECIPITEZ vos eaux, dangereuse Hipocrêne ;
Coulez moins lentement dans le double valon,

C

Fuyez, derobez-vous à la foif inhumaine,
De plus d'un enfant d'Apollon ;
Et par pitié pour nous laiffez tarir leur veine.

SCENE II.

MOMUS, APOLLON deguifé en Berger.

M O M U S.

Sous l'habit d'un Berger, c'eft Apollon ! ô Cieux !
Va-t'il retourner chez Admete ?
Phœbus, le Dieu des Vers fe déguiferoit mieux :
S'il préferoit au fer de la houlette,
Du redoutable Mars, le fer victorieux.

A P O L L O N.

Quelque déguifement que Momus voulût prendre,
Bien-tôt à le connoître on feroit parvenu.
Mais fans fe déguifer s'il vouloit nous furprendre,
Il n'auroit qu'à louer, il feroit méconnu.

M O M U S.

Le flateur Apollon emprunte mon langage ;

A P O L L O N.

A badiner la faifon nous engage ;
Nous allons commencer nos jeux ;

Les Mufes vont bientôt, fous ce charmant ombrage,
Faire briller leurs chants & répondre à mes vœux ;
Nous banirons les foins & les ennuis fâcheux.

M O M U S.

Peut-on banir l'ennui des lieux qui l'ont vû naître ?
Le Parnaffe fut fon berceau.

A P O L L O N.

Pour fufpendre vos traits, vous allez voir paroître
Un fpectacle nouveau.

M O M U S.

Licoris l'ornera . . .

A P O L L O N.

De même que Thalie . . .

M O M U S.

Vous parlerez de votre amour.

A P O L L O N.

Vous fignalerez en ce jour
L'aimable chaîne qui vous lie.

E N S E M B L E.

Nous verrons qui des deux
Sera le plus heureux.

A P O L L O N.

Parmi nos jeux divers, on nous prépare encore
Des Ballets inventés conduits par Terpficore.

M O M U S.

A tous vos vers je préfere fes pas.

A P O L L O N.

Ne voulez-vous jamais que rire ?

M O M U S.

Non, je ne veux jamais que rire.

A P O L L O N.

L'effroi vole fur vos pas.

M O M U S.

L'ennuy vole fur vos pas.

A P O L L O N.

Ne trouvez-vous des appas
Que dans le fiel de la fatire ?

M O M U S.

Je ne trouve des appas
Que dans le fel de la fatire.

On entend un prélude.

M O M U S.

Qui peut troubler un entretien fi doux ?

A P O L L O N.

C'eft Thalie, elle vient, je la laiffe avec vous.

M O M U S.

Un confident difcret à propos fe retire.

SCENE III.
THALIE, MOMUS.
THALIE.

Momus dans ce séjour!

MOMUS.

J'y suis rappellé par l'amour,
Contre l'amour cessez de vous défendre;
Si vous sçaviez combien il est doux de s'y rendre;
Du plus fidele amant vous combleriez les vœux.
    Ah! Connoissez ses charmes,
    Ce n'est qu'en cedant à ses armes
    Que l'on peut être heureux.

THALIE.

Momus, il est donc vrai que votre cœur soupire,
    Est-il possible d'enflammer
    Un Dieu qu'enchante la satire?

MOMUS.

Peut-on voir un instant vos yeux faits pour charmer,
    Sans oublier l'art de médire,
    Et sans apprendre l'art d'aimer?
Daignez de mon destin finir l'incertitude....

THALIE.

J'aime votre inquiétude,
Elle prouve votre ardeur.

L'amant que la crainte agite,
N'eſt jamais vain ni trompeur,
Et douter de ſon bonheur,
C'eſt prouver qu'on le mérite.

MOMUS.

Qu'entens-je, ô Ciel! Quelle félicité!
Pour mon amour extrême!
Ah! Thalie....

THALIE.

Il eſt tems de vous dire que j'aime,
Que j'aimerai toujours.....la liberté.

MOMUS.

Que cet aveu fatal m'inſpire de colere;
Cruelle, concevez l'excès de ma douleur!
En riant.
Vous m'avez prévenu, c'eſt-là tout mon malheur,
Thalie, autant qu'à vous la liberté m'eſt chere.

THALIE.

Dans cet ingenieux détour,
Des ſuperbes amans je reconnois l'amour.

Les cœurs vains font gênez dans leurs ardeurs
  nouvelles ;
Ils taifent les rigueurs que s'attirent leurs feux :
    Ils rougiffent d'être fideles,
    Quand ils ne peuvent être heureux.

M O M U S.

Et moi, je reconnois la vanité des belles :
    Elles penfent que jamais
    L'empire de leurs attraits
    Ne peut trouver de rebelles.

T H A L I E.

Momus, épargnons-nous, il eft d'autres fujets
    Plus dignes de nos traits.

E N S E M B L E.

Vous qui volez fans ceffe fur nos traces,
Raffemblez-vous, accourez ris & jeux.

SCENE IV.

M O M U S, T H A L I E,
Leur fuite, Acteurs François & Italiens.

C H Œ U R. *On danfe.*

Vous qui volez fans ceffe fur nos traces,
Raffemblez-vous, accourez ris & jeux.
Fuyez, amour, fuyez enchanteur dangereux,
Fuyez, mais laiffez-nous les plaifirs & les graces.
                           On danfe.

THALIE & le Chœur.

Loin de nos bois aziles de la paix,

  Portez vos feux, portez vos traits,

   Dieu trompeur de Cythere,   Loin, *&c.*

On ne connoît que trop, & vous & votre mere,

   Vous abuſez les cœurs

   Par des ſermens flateurs

   Que vous ne tenez guere.   Loin, *&c.*

  Votre premier abord ſçait plaire,

  Vous ne préſentez que des fleurs ;

  La roſe malgré ſes douceurs

  Cauſe ſouvent une piqueure amere.

         Loin, *&c.*

    M O M U S.   *On danſe.*

Dans le choix d'un amant l'amour de ſon bandeau

  Couvre ſouvent les yeux des belles.

Qu'il m'épargne ſes traits, qu'il garde ſon flambeau,

  Je ne veux de lui que ſes aîles.

  Gardons-nous de fixer nos vœux,

Les trop ſenſibles cœurs ne ſont jamais heureux ;

Les plaiſirs les plus doux ſont pour les infideles.

    C H Œ U R.   *On danſe.*

  Que votre gloire vous raſſemble

  Plaiſirs, ſuivez toujours nos pas,

  Vous n'offrez vos plus doux appas

  Que lorſque vous brillez enſemble.

    Fin du premier Aĉte.   **ACTE**

ACTE SECOND.

Le Théâtre repréſente les bords du Permeſſe & un Bois de Lauriers.

SCENE PREMIERE.

LICORIS.

D'UN trait flateur,
L'amour attaque en vain mon
cœur,
Il ſçaura réſiſter à ſes plus fortes armes.
Ah! Quel bonheur!
S'il ne peut être mon vainqueur.
Des chants de mon Berger j'admire la douceur,
Sans ceder à leurs charmes.

D

D'un trait flateur
L'amour attaque en vain mon cœur,
Il fçaura réfifter à fes plus fortes armes.
Ah ! Quel bonheur !
S'il ne peut être mon vainqueur.

SCENE II.

MOMUS, LICORIS.

MOMUS, à part.

UN défir curieux près d'Apollon m'attire. . . .

LICORIS.

Que cherche fur ces bords le Dieu de la Satire,
L'innocence & la paix habitent ces beaux lieux.

MOMUS.

Je fuis fur le Parnaffe, où peut on être mieux,
Quand on aime à médire ?

LICORIS.

C'eft dans ces Bois, que les Heros
Sont couronés par Melpomene.

MOMUS.

C'eft en fortant d'ici qu'ils portent fur la Scene
Moins de Lauriers que de Payots.

L I C O R I S.

Momus, rien ne peut vous contraindre
Dans vos difcours, vous ne ménagez rien. ...;
Craignez,

M O M U S.

Qui dois-je craindre?
Quel pouvoir eft égal au mien?
Si l'époux de Junon veut allarmer la terre,
Il lui faut les éclats & les feux du tonnerre.
Le Trident de Neptune, effroi des Matelots,
Déchaîne l'Aquilon, & fouleve les flots.
Le tyran des enfers voit au fond du Tenare,
Cent monftres réunis fuivre fa loi barbare :
La mort vole à fa voix & fert fa cruauté,
De tous ces Dieux le courroux redouté,
Fait trembler fous leur empire
L'Univers épouvanté.
Mais pour être refpecté,
Momus n'a befoin que de rire.

L I C O R I S.

A quelle beauté dans ces lieux
Soumettez-vous le cœur du plus puiffant des Dieux?

Si vous aimez une Mufe,
Vôtre efprit a des appas,

D ij

Et la raillerie amufe,
Mais elle n'attendrit pas.

M O M U S, appercevant Apollon.

J'apperçois un Berger qui fçait flatter les belles,
Il n'a pourtant jamais trouvé que des cruelles.

à part.

Cachons-nous, je veux l'écouter,
Et fçavoir le fuccès de fes ardeurs nouvelles.

SCENE III.

APOLLON, LICORIS, MOMUS *caché.*

APOLLON.

ME fuirez-vous toujours ? Eh ! Pourquoi me
quitter ?

LICORIS.

Par vos charmans accords vous pouvez m'arrêter.

APOLLON.

C'eft un foin qui m'occupe & me charme fans ceffe,
Je chante vos attraits, je chante ma tendreffe.
Vous ne m'écoutez pas, quel mépris rigoureux !

L I C O R I S.

Je ne veux point entendre
Un langage trop tendre.

A P O L L O N.

Peut-on allumer tant de feux
Sans reffentir la plus légere flâme ?
Quel prix n'obtiendroient pas mes foupirs & mes
vœux !
Quel bonheur combleroit mon ame !
Si les parfaits amans étoient les plus heureux.

Quoi, malgré le refpect du feu qui me dévore,
Vous me fuyez encore !
Eh ! Pourquoi me quitter ?

L I C O R I S.

Par vos divins accords vous pouvez m'arrêter.

A P O L L O N.

J'obéis, le devoir d'une tendreffe extrême,
C'eft d'obéir à ce qu'on aime.

L I C O R I S.

Rendez d'abord hommage au fouverain des Dieux,

A P O L L O N chante.

Les rebelles Titans lui déclarent la guerre,
Il fait éclater fon tonnerre,
Il eft déja vangé de ces audacieux.

Embrafez , écrafez , ils tombent fur la terre ,
Que leur fureur impie élevoit jufqu'aux Cieux !
Ce Dieu puiffant, ce Dieu fi redoutable,
Se laiffoit défarmer par un objet aimable.....
S'il eût vû vos attraits. . . .

L I C O R I S.

Vous devez de Bacchus publier les bienfaits.

A P O L L O N.

Chantons Bacchus & fon riant empire ;
Nous devons célébrer fon jus délicieux.
Le feu que fa liqueur infpire ,
Rend un mortel égal aux Dieux.

La raifon vaut bien moins que fon charmant délire ,
Jamais comme elle , il ne trompe nos vœux.
Trop fouvent fous le myrthe , on fe plaint , on fou-
pire !
Et fous la treille on eft toujours heureux.
Chantons Bacchus , &c.

Ignorez-vous que le fils de Séméle ,
D'Erigone fut le vainqueur ?

L I C O R I S.

Je fçais qu'il devint infidele. . . .

A P O L L O N.

Il eût été conftant s'il avoit eu mon cœur.

Ceffez de me vanter l'Amour & fa puiffance,
Chantez plutôt Diane & fon indifference.

A P O L L O N.

Armons-nous, préparons nos traits,
Suivons le Cor qui nous appelle,
Armons-nous, préparons nos traits ;
Ah ! Que la Chaffe unit d'attraits.
Imitons l'aimable Immortelle,
Qui triomphe dans nos Forêts. ....
Helas! Cette Déeffe à l'amour fi contraire,
Cette Déeffe fi févere

LICORIS fort.

Aimoit un Berger comme moi. ....
Ciel ! Qu'eft-ce que je voi !

S C E N E   I V.

M O M U S ,   A P O L L O N.

M O M U S.

Vous voyez le témoin des tranfports de votre
ame ,
Et du prix qu'obtient votre flâme.

A P O L L O N.

Ah ! Licoris, quelles rigueurs !

MOMUS.

Vos talens enchanteurs
Sont toujours sûrs de plaire,

On entend un prélude.

On vient, pendant les jeux, n'allez pas me diſtraire.

SCENE V.

APOLLON, MOMUS, EUTERPE,
ſuite D'EUTERPE.

Euterpe ordonnant le triomphe de l'Amour ; les Dieux & les Heros de l'antiquité, conduits par les Amours ; les Graces & les Plaiſirs forment la marche, & précédent le fils de Venus, porté ſur ſon Trône, aſſis ſur un Globe terreſtre, ſoutenu par les quatre parties du Monde.

UN SUIVANT D'EUTERPE.

Triomphés à jamais, triomphés Dieu des cœurs
Nous goutons vos plaiſirs, Nous chantons votre
gloire ;

Vous ſeul avec des fleurs
Enchaînés la victoire.

EUTERPE.

E U T E R P E.

Chantez, danſez, amuſez-vous,
Goutez-bien des inſtans ſi doux.

C H Œ U R.

Chantons, danſons, amuſons-nous,
Goutons bien des inſtans ſi doux.

E U T E R P E.

Que les jeux vous ſuivent ſans ceſſe,
Et préviennent tous vos déſirs,
Laiſſez triompher les plaiſirs,
Laiſſez murmurer la ſageſſe.

Chantez, danſez, &c.   *On danſe.*

E U T E R P E.

Le Dieu qu'on adore à Cythere
Donne les jours les plus charmans.

C H Œ U R.

Le Dieu qu'on adore, &c.

E U T E R P E.

Si nous avons d'heureux momens,
Nous les devons à l'art de plaire.

Le Dieu qu'on adore à Cythere,
Donne les jours les plus charmans.
                              On danſe.

Un ſuivant D'E U T E R P E.

Amour, les Cieux, la Terre & l'Onde,
Tout vous éleve des autels,

                              E

Vos traits vainqueurs du monde,
Enchantent jufqu'aux immortels.

Que de vos flâmes
Naiffent de douceurs !
Dieu de nos cœurs,
Daignez fur nos ames
Toujours répandre vos faveurs.

Amour, les Cieux, la Terre & l'Onde ;
Tout vous éleve des Autels,
Vos traits vainqueurs du monde,
Enchantent jufqu'aux immortels.

On danfe.

E U T E R P E.

Célebrez avec moi le Dieu de la tendreffe ,
C'eft lui qu'il faut chanter fans ceffe.

E U T E R P E , *deux fuivans & le* CHŒUR.

L'amour a foumis l'Univers,
Suivons, fuivons l'amour, où peut-on fuir fes fers.
La terre fent fes feux dans fes grottes profondes ;
Il vole dans les airs,
Il regne fous les ondes,
Il monte aux Cieux, il defcend aux enfers,
Suivons, fuivons l'amour, où peut-on fuir fes fers.

Fin du fecond Acte.

ACTE TROISIEME.

Le Théâtre repréfente un Jardin avec des Gradins, le fond eft occupé par une grande Pendule.

SCENE PREMIERE.

M O M U S, habillé en Berger.

D ANS le Bal du double Vallon,
Momus , Berger, fera mieux mafqué
qu'Apollon.

Une feconde fois près d'un objet aimable,
Offrons de nouveaux foins dans ce riant féjour,
Un déguifément favorable,
Sert les ris & les jeux , & quelquefois l'amour.

SCENE II.

MOMUS, THALIE *habillée en Bergere.*

MOMUS, *à part.*

QUe vois-je? Ah ! L'aimable Bergere!

THALIE, *à part.*

Que ce mafque eft galant! Qui l'attire en ces lieux!

MOMUS, *à part.*

Quel éclat brille dans fes yeux !

THALIE, *à part.*

Il m'obferve.... Auroit-il le deffein de me plaire?

MOMUS *abordant Thalie.*

Le mafque cache en vain la moitié de vos traits,
Il ne peut vous ravir cent conquêtes nouvelles,
   Ce que l'on voit de vos attraits
Suffit pour triompher des cœurs les plus rébelles.

THALIE.

   Ceder fi-tôt à nos appas,
Ce n'eft point augmenter leur gloire,
   D'une fi facile victoire,
Un vainqueur ne s'honore pas.

M O M U S.

Ne point ceder eſt une offenſe,
  Qui bleſſe la fierté.
Moins on réſiſte à la beauté,
  Plus on fait briller ſa puiſſance.

T H A L I E.

Dans les cœurs ſi-tôt enflâmez,
  L'inconſtance eſt à craindre,
Les feux aiſément allumez,
  Plus aiſément peuvent s'éteindre.

M O M U S.

Dans les cœurs que vous enflâmez,
  Le changement n'eſt pas à craindre;
L'inconſtance ne peut éteindre,
  Des feux par vos yeux allumez.

T H A L I E.

Entre tous les amans qui nous rendent hommage,
  Comment être ſûr de ſon choix,
  Le cœur fidelle & le volage,
En s'expliquant pour la premiere fois,
  Se ſervent du même langage.

M O M U S.

Ah ! Ne réſiſtez point à mon empreſſement ;
  Si vous voulez un cœur fidele & tendre,

Craignez de vous méprendre,
Craignez de refuser le véritable amant.

THALIE.

Ah! Ne cherchez point à me plaire,
Si votre amour n'eſt pas ſincere.

MOMUS.

Je vous aime ſincerement,
Croyez-en mes ſoupirs, & croyez-en vos charmes.
Oui, vos beaux yeux dans ce moment,
Garants de mes tranſports, condamnent vos allarmes.

THALIE.

Si vous m'aimez ſincerement,
J'en croirai vos ſoupirs, ſans en croire mes charmes.

MOMUS.

Achevez ma félicité,
Ne cachez plus à mon œil enchanté,
Ces attraits dont mon cœur ſent déja la puiſſance.

THALIE.

Dois-je avoir moins d'impatience,
De connoître l'amant qui ſoumet ma fierté.

MOMUS, à part.

Momus n'eſt pas connu d'une ſimple Bergere?

THALIE, à part.

Pour un jeune Berger, Thalie eſt étrangere.

ENSEMBLE, *fe démafquant.*

Je puis ôter mon mafque fans danger.

THALIE.   Momus , ô Ciel !

MOMUS.   Thalie, ô Ciel !

T H A L I E *en riant.*

La méprife eft légere !

M O M U S.

Quelle Bergere !

T H A L I E.

Quel Berger !

S C E N E III.

LICORIS A MOMUS fortant.

BErger, chanterez-vous dans la nouvelle fête,

Que fur le Parnaffe on apprête ?

Il ne m'écoute pas, il fuit, quel changement !
Quoi, le mépris fuccede à tant d'empreffement !
Mais d'où naiffent les allarmes ,
Que me caufent fes froideurs ?
De fes talens enchanteurs ,
N'ai-je point trop goûté les charmes ?

Ce Berger dangereux à fçu m'accoutumer
A cherir des accens où regne la tendreffe. ....
   Comment fe défendre d'aimer
   L'objet qu'on applaudit fans ceffe ?
Mais il revient. ....

SCENE IV.
LICORIS, APOLLON.

LICORIS a *APOLLON.*

Par une feinte ardeur,
Vous vouliez donc tromper mon cœur ?
Je viens de voir votre inconftance.
Vous reftez interdit, vous gardez le filence.

APOLLON.

Dieux ! Quel foupçon ! L'ai-je pû mériter ?
Mais quand je changerois, pourriez-vous regretter
   L'objet de votre indifference.

LICORIS.

La douceur de vos chants avoit fçû me charmer,
   J'allois peut-être vous aimer.

APOLLON.

M'aimer ! Eh-bien, fi le nom d'infidelle
   M'attire feul votre courroux,

Bergere

Bergere , défabufez-vous ,
Non, je ne brûle point d'une flâme nouvelle...
Qui pourroit vous ravir un cœur
Enchaîné par vos nœuds , enchanté par vos char-
mes ?
Des beautez qu'on trahit pour un nouveau vain-
queur ,
Vous ne devez jamais éprouver les allarmes.

LICORIS voyant Momus démafqué qui arrive.

Que vois-je ! O Ciel ! Quoi, c'eft Momus,
Qui trompoit mes yeux prévenus.

APOLLON.

Croirai-je, Licoris , ce que je viens d'entendre ?
Et me permettez-vous
D'expliquer vos foupçons jaloux ?

L'ICORIS.

Je ne fçaurois vous le défendre ,
Mon cœur eft trop charmé d'avoir laiffé furprendre
Un aveu qui vous livre aux tranfports les plus
doux.

APOLLON.

Vous faites le bonheur de l'amant le plus tendre.

F

SCENE V.

MOMUS, APOLLON, LICORIS.

MOMUS.

BErgere, vous aimez, que je plains votre erreur !
C'eſt un Dieu déguiſé qui vous offre ſon cœur....

LICORIS.

Son rang n'augmente point le prix de ma victoire,
Et je ne vois de lui que ſa fidelle ardeur.

MOMUS.

C'eſt Apollon que vous comblez de gloire !
Craignez ſon inconſtance, en faiſant ſon bonheur.

LICORIS.

Je ſens trop de plaiſir pour ſentir des allarmes.

APOLLON.

Que mon ſort a de charmes,
Licoris m'aime & vient de me le déclarer,
Ah ! Licoris, daignez le redire ſans ceſſe....

LICORIS.

Aimez, vous connoiſſez le prix de la tendreſſe,
Vous la chantez trop bien pour ne pas l'inſpirer.

LICORIS, APOLLON.

L'amour m'enflâme,
Pour jamais.
Il répand dans mon ame
Ses plus doux attraits.

MOMUS.

Terpsicore, offrez-nous vos naïves images
Du Tems, des Saisons & des Ages.

SCENE VI.

APOLLON, LICORIS, MOMUS.
TERPSICORE, THALIE.

MARCHE.

Le Tems, les Saisons, les Ages. L'Age Viril paroît le premier, représenté par des Chasseurs. Ensuite des Masques Galans figurent l'Adolescence. Les deux Enfances arrivent ensemble. Ces differentes Quadrilles font conduites par TERPSICORE.

CHŒUR.

PRofitez du tems,
Il s'échappe, il fuit fans cesse,
Rien n'égale la vitesse
Des heureux instans,
Profitez du temps
Souvent perdu par la jeunesse,

F ij

Et regretté par la froide vieilleſſe ;
Ses bienfaits ne ſont pas conſtans,
Il paroît long à l'eſperance,
Aux ennuis, à l'indifference,
Il paroît court aux cœurs contens.
Profitez du, &c. *On danſe.*

Une SUIVANTE *de* TERPSICORE.

Jeunes cœurs prenez vos armes,
Chaſſez les monſtres des Bois.
Les Bois n'ont ils pas des charmes,
Pour les Dieux & pour les Rois ?
Jeunes cœurs, &c.

Heureux qui ſe laiſſe prendre,
Dans les pieges des amours.
Quand ils veulent nous ſurprendre,
Ne craignons que les ſecours.
Heureux qui, &c. *On danſe.*

Une SUIVANTE *de* TERPSICORE.

Il n'eſt que deux Saiſons dans l'amoureux empire,
Tout eſt Hyver lors qu'envain on ſoupire
Pour les cœurs contens,
Tout eſt Printems. *On danſe.*

Un SUIVANT *de* TERPSICORE, *aux Enfans.*

Jouez, enfans, imitez les Zéphirs

Errans dans un bocage
Heureux, trop heureux Age !
Les ris & les jeux feuls regnent fur vos défirs,
Vous goûtez un fort qu'on envie,
Danfez, amufez-vous,
Profitez des inftans les plus chers de la vie,
Ah ! Nos premiers plaifirs, font toujours les plus
doux ! *On danfe.*

Une VIEILLE.

Mortels, que le plaifir difpofe de vos ans;
Que malgré la raifon, il triomphe fans ceffe,
Il accroît les beaux jours de l'aimable jeuneffe,
Et jufques chez l'Hyver, il conduit le Printems.

On danfe.

THALIE & le CHŒUR.

Liberté charmante,
Regnez à jamais,
Que toujours on chante
Vos divins attraits.

Sous vos loix on ne refpire
Que la paix & la douceur,
Ce n'eft que dans votre empire,
Qu'on trouve le vrai bonheur.
Liberté charmante, &c.

On danfe.

F I N.

APPROBATION.

J'Ai lû par ordre de Monseigneur le Chancelier , un Ballet en trois Actes , intitulé *le Carnaval du Parnasse* , avec un Prologue , & je n'y ai rien trouvé qui ne doive en favoriser l'Impression : A Versailles ce 8 Septembre 1749.
DEMONCRIF.

PRIVILEGE DU ROY.

LOUIS par la grace de Dieu, Roy de France & de Navarre : A nos amés & feaux Conseillers , les Gens tenans nos Cours de Parlemens , Maîtres des Requêtes ordinaires de nôtre Hôtel , Grand'Conseil , Prevôt de Paris , Baillifs , Sénéchaux , leurs Lieutenans Civils , & autres nos Justiciers qu'il appartiendra , Salut. Nôtre très cher & bien amé le Sieur LOUIS-ARMAND EUGENE DE THURET , cy-devant Capitaine au Regiment de Picardie , Nous a fait représenter que , par Arrest de nôtre Conseil du 30 May 1733. Nous avons révoqué le Privilege qui avoit été accordé au Sieur le Comte & ses Associez , pour raison de l'Académie Royale de Musique , les circonstances & dépendances , & rétabli ledit Privilege en faveur dudit Sieur Exposant , pour en joüir par lui , ses Associez. Cessionnaires & ayans-cause aux charges & conditions portées par ledit Arrest , pendant le temps & espace de vingt-neuf années , à compter du premier Avril de ladite année 1733 & que pour l'exploitation dudit Privilege , ledit Sieur Exposant se trouve obligé de faire imprimer & graver les Paroles & la Musique des Opera qui doivent être représentés ; mais que pour cet effet il a besoin de nôtre Permission & des Lettres qu'il Nous a très humblement fait supplier de lui accorder. A CES CAUSES , voulant favorablement traiter ledit Exposant : Nous lui avons permis & permettons par ces Presentes de faire imprimer & graver *les Paroles & Musique des Opera , Ballets & Fêtes qui ont été ou qui seront representés par l'Académie Royale de Musique , tant séparément que conjointement* en tels Volumes ; forme , marge , caractere , & autant de fois que bon lui semblera , & de les faire vendre & debiter par tout nôtre Royaume ; pendant le temps de vingt-neuf années consecutives à compter du jour de la date desdites Presentes. Faisons défenses à toutes personnes , de quelque qualité & condition qu'elles soient d'en introduire d'Impression ou Gravure Etrangere dans aucun lieu de notre obéïssance : Comme aussi à tous Imprimeur , Libraire , Graveurs , Imprimeurs Marchands en Taille-Douce , & autres de graver , ni faire graver , imprimer , ou faire imprimer , vendre , faire vendre , débiter ni contrefaire lesdites Impressions , Planches & Figures de Paroles , de Musique des Opera , Ballets & Fêtes , qui ont été ou qui seront représentez par ladite Academie Royale de Musique , tant séparément que conjointement en tout ni en partie , sans la permission expresse & par écrit dudit Sieur Exposant , ou de ceux qui auront droit de lui ; à peine de confiscation , tant des Planches & Figures , que des Exemplaires contrefaits & des Ustancies qui auront servi à ladite contrefçon , que Nous entendons être saisis en quelque lieu qu'ils soient trouvez ; de dix mille livres d'amende contre chacun des Contrevenans , dont un tiers à Nous , un tiers à l'Hôtel-Dieu de Paris , l'autre tiers audit Sieur Exposant , & de tous dépens , dommages & intérêts , à la charge que ces Présentes seront enregistrées tout au long sur le Registre de la Communauté des Libraires & Imprimeurs de Paris , dans trois mois de la date d'icelles ; que la Gravure & Impression desdites Paroles & Opera sera faite dans nôtre Royaume & non ailleurs , en bon papier & beaux caracteres , conformément aux Reglemens de la Librairie , & notamment à celui du dix Avril 1725. & qu'avant de les exposer en vente les Manuscrits gravés ou imprimés seront remis dans le même état où les Approbations auront été données ès mains de notre très-cher & feal Chevalier Garde des Sceaux de France, le Sieur Chauvelin; & qu'il en sera ensuite remis deux Exemplaires de chacun dans notre Bibliotheque publique, un dans celle de notre Château du Louvre, & un dans celle de notre très-cher & feal Chevalier Garde des Sceaux de France, le Sieur Chauvelin: Le tout à peine de nullité des Présentes; Du contenu desquelles Vous mandons & enjoignons de faire jouir ledit Sieur Exposant, ou ses Ayants-cause, pleinement & paisiblement sans souffrir qu'il leur soit fait aucun trouble ou empêchement. Voulons que la Copie desdites Présentes, qui sera imprimée tout au long au commencement ou à la fin desdites Paroles ou Opera, soit tenue pour dûement signifiée; & qu'aux Copies collationnées par l'un de nos amés & feaux Conseillers & Secretaires, foy soit ajoûtée comme à l'Original. Commandons au premier notre Huissier ou Sergent, de faire pour l'exécution d'icelles tous Actes requis & necessaires, sans demander autre permission, & nonobstant Clameur de Haro, Châtre Normande & Lettres à ce contraires. CAR tel est nôtre plaisir. DONNE' à Fontainebleau le douziéme jour de Novembre, l'An de Grace mil sept cent trente-quatre, & de notre Regne le vingtiéme : *Et plus bas*, Par le Roy en son Conseil. *Signé* SAINSON, avec paraphe.

Registré sur le Registre VIII. de la Chambre Royale des Libraires & Imprimeurs de Paris, N. 797. fol. 779. conformément aux anciens Réglemens, confirmés par celui du 28 Février 1723. A Paris le 23 Novembre 1734.

G. MARTIN, *Syndic.*

De l'Imprimerie de la Veuve DELORMEL, & Fils, Imprimeur de l'Académie Royale de Musique, rue du Foin, à Sainte Geneviéve & à la Colombe Royale.

www.ingramcontent.com/pod-product-compliance
Lightning Source LLC
LaVergne TN
LVHW022156080426
835511LV00008B/1436